AF221764

Impressum
Verlag: BABADADA GmbH, Nedderfeld 112 , 22529 Hamburg
Geschäftsführer / Verlagsleitung: Harald Hof
Druck: Books on Demand GmbH, In de Tarpen 42, 22848 Norderstedt

Imprint
Publisher: BABADADA GmbH, Nedderfeld 112 , 22529 Hamburg, Germany
Managing Director / Publishing direction: Harald Hof
Print: Books on Demand GmbH, In de Tarpen 42, 22848 Norderstedt, Germany

مدرسه

школа

کلاس درس
класны пакой
تقسیم کردن
дзяліць
186/2
تخته
дошка
школьны двор
معلم
настаўнік
کاغذ
папера
نوشتن
пісаць
خودکار
ручка
میز تحریر
пісьмовы стол
خط کش
лінейка
کتاب
кніга
دانش آموز
вучань

کیف مدرسه

ранец

جامدادی

пенал

مداد

просты аловак

تراش

тачылка для алоўкаў

پاک کن

гумка

دفتر رسم

альбом для малявання

طراحی

малюнак

قلم مو

пэндзлік

جعبه ی آبرنگ

фарбы

قیچی

нажніцы

چسب

клей

کتاب تمرین

сшытак

تکلیف خانه

хатняе заданне

رقم

лік

جمع کردن

дадаваць

تفریق کردن

адымаць

ضرب کردن

множыць

محاسبه کردن

лічыць

حرف الفبا

літара

الفبا

алфавіт

کلمه

слова

متن

тэкст

خواندن

чытаць

گچ

крэйда

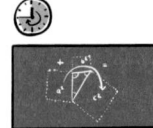

درس

ўрок

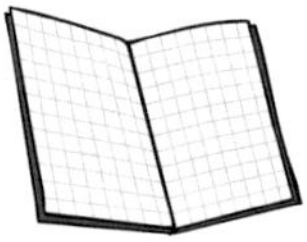

ثبت نام

класны журнал

امتحان

экзамен

مدرک رسمی

атэстат

لباس مدرسه

школьная форма

تحصيلات

адукацыя

دانشنامه

энцыклапедыя

دانشگاه

універсітэт

ميكروسكوپ

мікраскоп

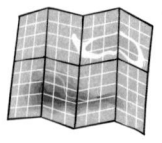

نقشه

карта

سبد كاغذ باطله

смеццевы кошык

سفر

падарожжа

هتل
гатэль
مسافرخانه
хостэл
صرافی
абменны пункт
چمدان
чамадан
اتومبیل
аўтамабіль

زبان

мова

بله / خیر

так / не

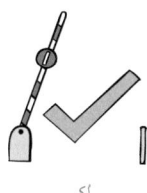

اکی

добра

سلام

прывітанне!

مترجم

перакладчык

ممنون

дзякуй

قیمت ... چه قدر است؟

Колькі каштуе....?

من متوجه نمی شوم

я не разумею

مشکل

праблема

عصر بخیر! / شب بخیر!

Добры вечар!

صبح بخیر!

Добрай раніцы!

شب بخیر!

Дабранач!

خدانگهدار

да пабачэння

جهت

кірунак

بار سفر

багаж

کیف

сумка

کوله پشتی

заплечнік

مهمان

госць

اتاق

пакой

کیسه خواب

спальны мяшок

خیمه

палатка

مركز راهنمای گردشگران

нфармацыя для турыстаў

ساحل

пляж

کارت اعتباری

крэдытная картка

صبحانه

снеданне

نهار

абед

شام

вячэра

بلیط

праязны білет

آسانسور

ліфт

مهر

паштовая марка

مرز

мяжа

گمرک

мытня

سفارتخانه

пасольства

ویزا

віза

گذرنامه

пашпарт

حمل و نقل

транспарт

هواپیما
самалёт
کشتی
карабель
ماشین آتش نشانی
пажарная машына
اتوبوس
аўтобус
کامیون
грузавік
قایق موتوری
маторная лодка
دوچرخه
ровар
اتومبیل
аўтамабіль

کشتی مسافربری

паром

قایق

лодка

موتورسیکلت

матацыкл

ماشین پلیس

паліцэйская машына

ماشین مسابقه

гоначны аўтамабіль

ماشین کرایه ای

арэндаваны аўтамабіль

به اشتراک گذاری اتوموبیل

сумеснае карыстанне аўтамабілем

جرثقیل

эвакуатар

ماشین حمل زباله

смеццявоз

موتور

матор

بنزین

паліва

پمپ بنزین

запраўка

تابلو راهنمایی و رانندگی

дарожны знак

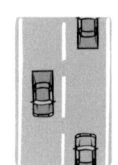

عبور و مرور

дарожны рух

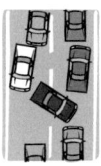

ترافیک

затор

پارکینگ

паркоўка

ایستگاه قطار

чыгуначная станцыя

ریل راه آهن

рэйкі

قطار

цягнік

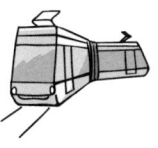

قطار برقی

трамвай

واگن

вагон

هلیکوپتر

вертaлёт

فرودگاه

аэрапорт

برج

вежа

مسافر

пасажыр

کانتینر

кантэйнер

کارتن

кардонная скрыня

گاری

тачка

سبد

карзіна

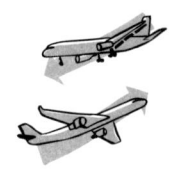

به پرواز درآمدن / فرود آمدن

ўзлятаць / прызямляцца

شهر

горад

دهکده

вёска

مرکز شهر

цэнтр горада

خانه

дом

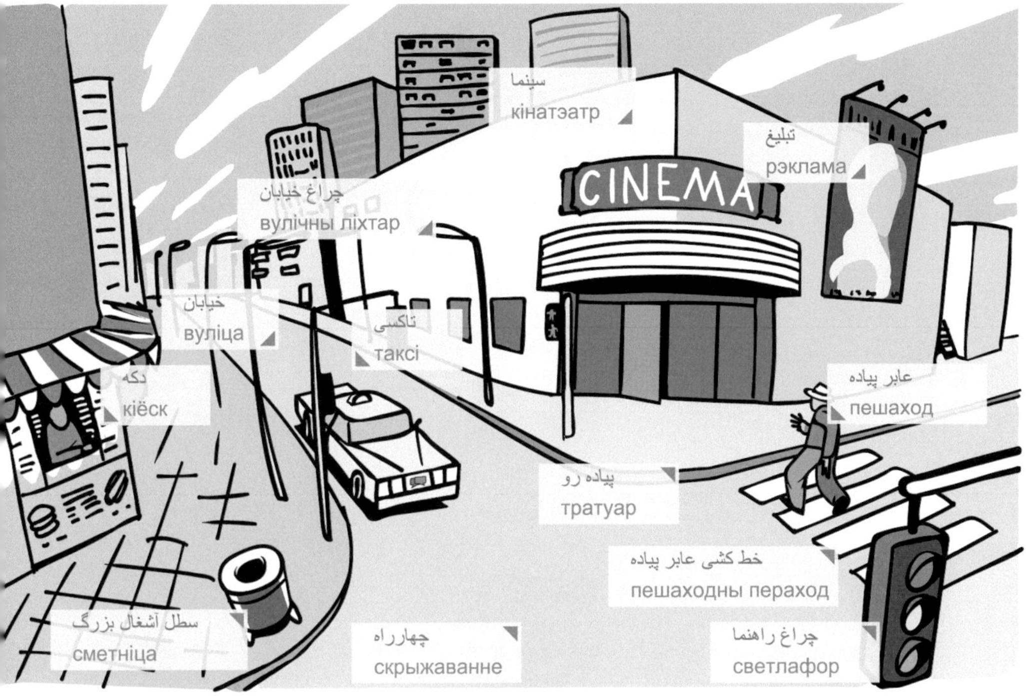

سینما
кінатэатр

تبلیغ
рэклама

چراغ خیابان
вулічны ліхтар

خیابان
вуліца

تاکسی
таксі

دکه
кіёск

عابر پیاده
пешаход

پیاده رو
тратуар

خط کشی عابر پیاده
пешаходны пераход

سطل آشغال بزرگ
сметніца

چهارراه
скрыжаванне

چراغ راهنما
светлафор

کلبه
халупа

آپارتمان
кватэра

ایستگاه قطار
чыгуначная станцыя

ساختمان شهرداری
ратуша

موزه
музей

مدرسه
школа

دانشگاه

універсітэт

بانک

банк

بیمارستان

шпіталь

هتل

гатэль

داروخانه

аптэка

اداره

офіс

کتابفروشی

кнігарня

مغازه

крама

گل فروشی

кветкавая крама

سوپرمارکت

супермаркет

بازار

кірмаш

فروشگاه بزرگ

універмаг

ماهی فروش

рыбная крама

مرکز خرید

гандлевы цэнтр

بندر

порт

پارک

парк

نیمکت

лава

پل

мост

پله

лесвіца

مترو

метро

تونل

тунэль

ایستگاه اتوبوس

прыпынак

میخانه

бар

رستوران

рэстаран

صندوق پست

паштовая скрыня

تابلوی خیابان

вулічны паказальнік

دستگاه پارکومتر

паркамат

باغ وحش

заапарк

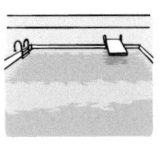

استخر شنای عمومی

басейн

مسجد

мячэць

مزرعه

сядзіба

آلودگی محیط زیست

забруджванне навакольнага асяроддзя

قبرستان

могілкі

کلیسا

царква

زمین بازی

пляцоўка для гульні

معبد

храм

چشم انداز

краявід

برگ
ліст
تابلوی راهنمای مسیر
паказальнік
راه
дарога
چمنزار
луг
سنگ
камень
راه نورد
падарожнік
درخت
дрэва
رودخانه
рака
چمن
трава
گل
кветка

دره

даліна

تپه

гара

درياچه

возера

جنگل

лес

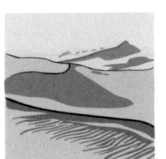

بيابان

пустыня

كوه آتشفشان

вулкан

قلعه

замак

رنگين كمان

вясёлка

قارچ

грыб

درخت نخل

пальма

پشه

камар

مگس

муха

مورچه

мурашка

زنبور

пчала

عنكبوت

павук

سوسک

жук

قورباغه

жаба

سنجاب

вавёрка

جوجه تیغی

вожык

خرگوش صحرایی

заяц

جغد

сава

پرنده

птушка

قو

лебедзь

گراز

дзік

گوزن نر

алень

گوزن شمالی

лось

سد آب

плаціна

توربین بادی

вятрак

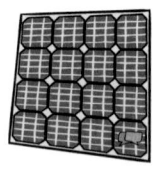

صفحه ی خورشیدی

сонечная батарэя

آب و هوا

клімат

رستوران

рэстаран

афіцыянт
منوی غذا
меню
صندلی
крэсла
سوپ
суп
پیتزا
піца
سرویس کارد و قاشق و چنگال
сталовыя прыборы
رومیزی
абрус

پیش‌غذا

закуска

غذای اصلی

другая страва

دسر

дэсерт

نوشیدنی ها

напоі

غذا

ежа

بطری

бутэлька

فست فود

хуткае харчаванне (фаст-фуд)

اغذیه خیابانی

стрыт-фуд

قوری

імбрык (чайнік)

قندان

цукарніца

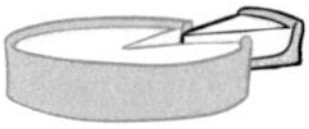

پُرس غذا

порцыя

دستگاه اسپرسو

эспрэса-машына

صندلی پایه بلند غذاخوری بچه

дзіцячае крэселка

صورتحساب

рахунак

سینی

паднос

چاقو

нож

چنگال

відэлец

قاشق

лыжка

قاشق چایخوری

чайная лыжка

دستمال سفره

сурвэтка

لیوان

шклянка

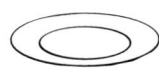

بشقاب

талерка

بشقاب سوپخوری

супавая талерка

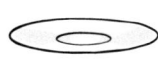

نعلبکی

сподак

سس

соус

نمکدان

сальніца

فلفل ساب

млынок для перцу

سرکه

воцат

روغن خوراکی

алей

ادویه جات

спецыі

سس کچاپ

кетчуп

سس خردل

гарчыца

سس مایونز

маянэз

سوپرمارکت

супермаркет

پیشنهاد ویژه
акцыя
مشتری
пакупнік
لبنیات
малочныя прадукты
میوه جات
садавіна
چرخ دستی خرید
вазок

قصابی

мясная крама

نانوایی

хлебны магазін

وزن کردن

важыць

سبزیجات

гародніна

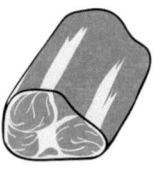

گوشت

мяса

غذای منجمد

свежазамарожаныя прадукты

مخلوطی از انواع کالباس یا پنیر که
ورقه ای بریده شده باشند

нарэзка

غذای کنسروی

кансервы

پودر لباسشویی

пральны парашок

شیرینی جات

прысмакі

لوازم خانگی

хатнія прылады

ماده شوینده و پاک کننده

чысцячы сродак

فروشنده

прадавец

صندوق پرداخت

каса

صندوقدار

касір

لیست خرید

спіс пакупак

ساعات کار

гадзіны працы

کیف پول

бумажнік

کارت اعتباری

крэдытная картка

کیف

сумка

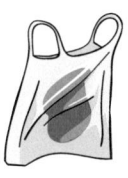

کیسه ی پلاستیکی

пакет

نوشیدنی ها

напоі

آب

вада

آبمیوه

сок

شیر

малако

نوشابه کوکاکولا

кола

شراب

віно

آبجو

піва

الکل

алкаголь

کاکائو

какава

چای

гарбата (чай)

قهوه

кава

قهوه اسپرسو

эспрэса

کاپوچینو

капучына

غذا

ежа

موز

банан

سیب

яблык

پرتقال

апельсін

انواع هندوانه و خربزه

дыня

لیمو

лімон

هویج

морква

سیر

часнок

نی بامبو

бамбук

پیاز

цыбуля

قارچ

грыб

آجیل

арэхі

ماکارونی

локшына

اسپاگتی

спагеці

برنج

рыс

سالاد

салата

سیب زمینی سرخ کرده

бульба фры

سیب زمینی سرخ شده

смажаная бульба

پیتزا

піца

همبرگر

гамбургер

ساندویچ

бутэрброд

شنیتسل

шніцаль

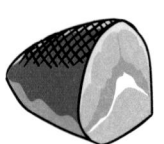

ژامبون خوک

вяндліна

سالامی

салямі

سوسیس

каўбаса

مرغ

курыца

نوعی گوشت سرخ شده

смажаніна

ماهی

рыбак

جوی پرک شده

аўсяныя камякі

نوعی صبحانه مخلوطی از برگه ذرت و
میوه های خشک شده و خشکبار که
معمولا با شیر خورده می شود

мюслі

کورنفلکس

кукурузныя шматкі

آرد

мука

کرواسان

круасан

نان بروتشن

булачка

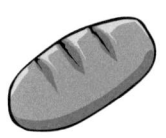

نان

хлеб

نان تست

тост

بیسکویت

пячэнне

کره

масла

کشک

тварог

کیک

пірог

تخم مرغ

яйка

تخم مرغ نیمرو

яечня

پنیر

сыр

بستنی

....

марожанае

شکر

....

цукар

عسل

....

мёд

مربا

....

варэнне

کرم شکلاتی بادامی

....

нуга

ادویه کاری

....

кары

مزرعه

сядзіба

خانه ی مزرعه داران
хата
انبار غله
хлеў
خرمن‌گاه
цюк саломы
مزرعه
поле
اسب
конь
ماشین یدک کش
прычэп
تراکتور
трактар
کره اسب
жарабя
خر
асёл
گوسفند
авечка
بره
ягня

بز

каза

گاو ماده

карова

گوساله

цяля

خوک

свіння

بچه خوک

парася

گاو نر

бык

غاز

гусак

اردک

качка

جوجه

кураня

مرغ

курыца

خروس

певень

موش صحرایی

пацук

گربه

кот

موش

мыш

گاو نر اخته

вол

سگ

сабака

لانه ی سگ

сабачая будка

شلنگ باغبانی

садовы шланг

آبپاش

палівачка

داس دسته بلند

каса

گاوآهن

плуг

داس

серп

كج بيل

матыка

چنگک باغبانى

вілы для гною

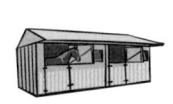

تبر

сякера

فرقون

тачка

آبشخور

карыта

بطرى نگهدارى شير

бітон для малака

كيسه

мех

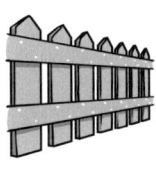

حصار

плот

اصطبل

хлеў

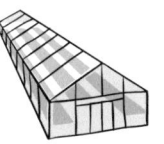

گلخانه

цяпліца

خاك

глеба

بذر

насенне

كود

угнаенне

ماشين كمباين

камбайн

برداشت کردن محصول

збіраць ураджай

محصول

ураджай

تمیس

ямс

گندم

пшаніца

سویا

соя

سیب زمینی

бульба

ذرت

кукуруза

کلزا

рапс

درخت میوه

садовае дрэва

گیاه مانیوک

маніёк

غلات

збожжа

خانه

дом

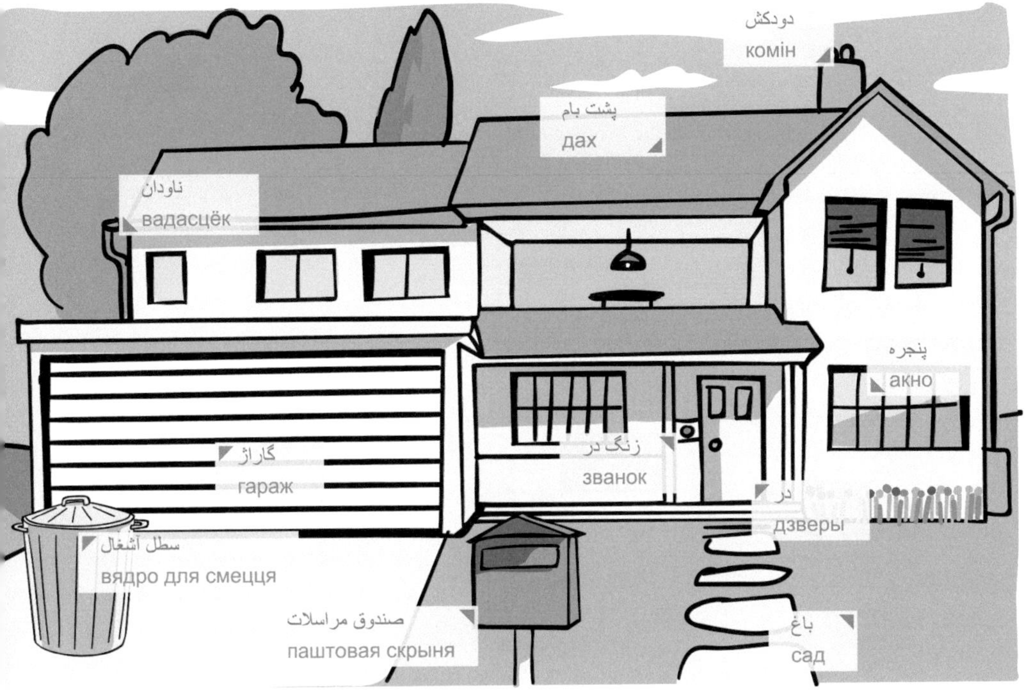

دودکش
комін
پشت بام
дах
ناودان
вадасцёк
پنجره
акно
زنگ در
званок
گاراژ
гараж
در
дзверы
سطل آشغال
вядро для смецця
صندوق مراسلات
паштовая скрыня
باغ
сад

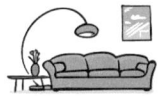

اتاق نشیمن

жылы пакой

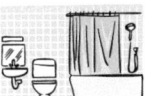

حمام

ванная

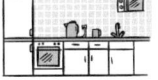

آشپزخانه

кухня

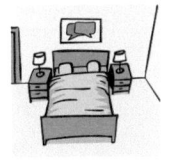

اتاق خواب

спальны пакой

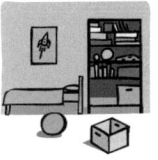

اتاق بچه

дзіцячы пакой

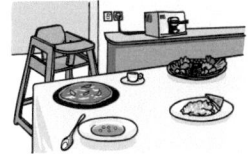

ناهارخوری

сталоўка

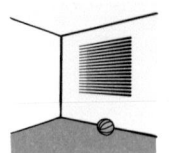

كف زمين

падлога

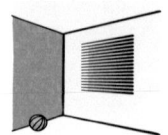

ديوار

сцяна

سقف

столь

زيرزمين

падвал

سونا

саўна

بالكن

балкон

تراس

тэраса

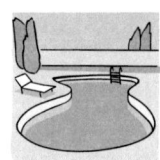

استخر

басейн

ماشين چمنزنی

касілка

ملافه

падкоўдранік

روتختی

коўдра

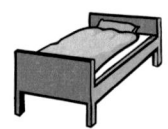

تخت خواب

ложак

جارو

венік

سطل

вядро

سويچ يا كليد

выключальнік

اتاق نشیمن

жылы пакой

کاغذ دیواری
عکس
малюнак
لامپ
лямпа
قفسه
паліца
کابینت
шафа
تلویزیون
тэлевізар
شومینه
камін
گل
кветка
کوسن
падушка
کاناپه
канапа
گلدان
ваза
کنترل تلویزیون و ویدئو و غیره
пульт

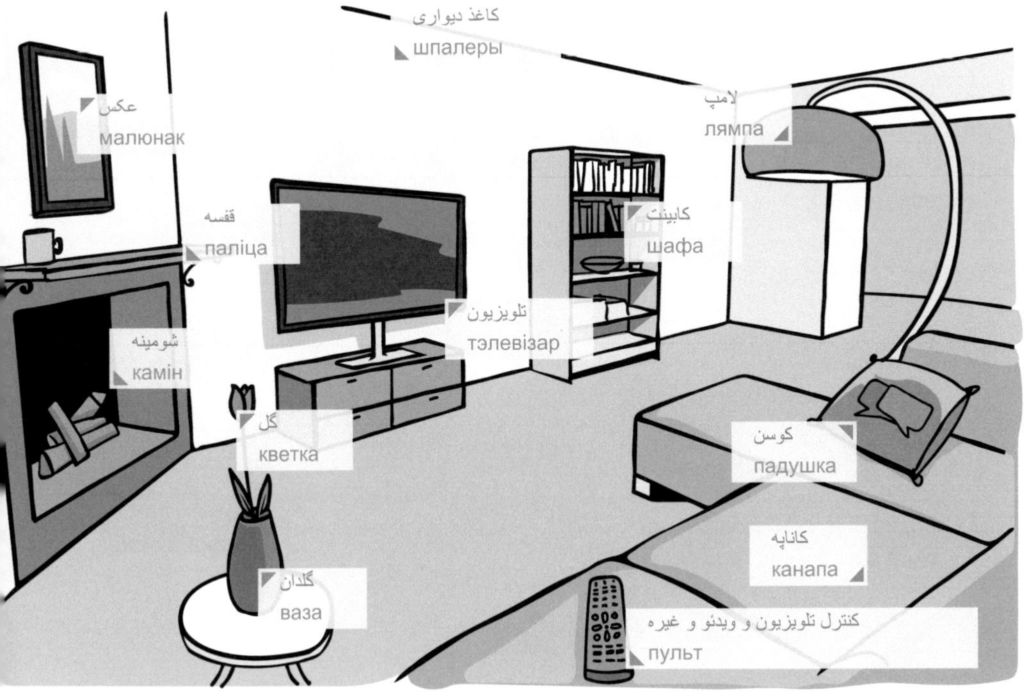

فرش
дыван

پرده
фіранка

میز
стол

صندلی
крэсла

صندلی گهواره ایی
крэсла-качалка

صندلی راحتی
крэсла

کتاب

кніга

لحاف

коўдра

دکوراسیون

дэкарацыя

هیزم

дровы

فیلم

кіно

دستگاه ضبط صوت

стэрэасістэма

کلید

ключ

روزنامه

газета

تابلو نقاشی

карціна

پوستر

постар

رادیو

радыё

دفترچه یادداشت

нататнік

جاروبرقی

пыласос

کاکتوس

кактус

شمع

свечка

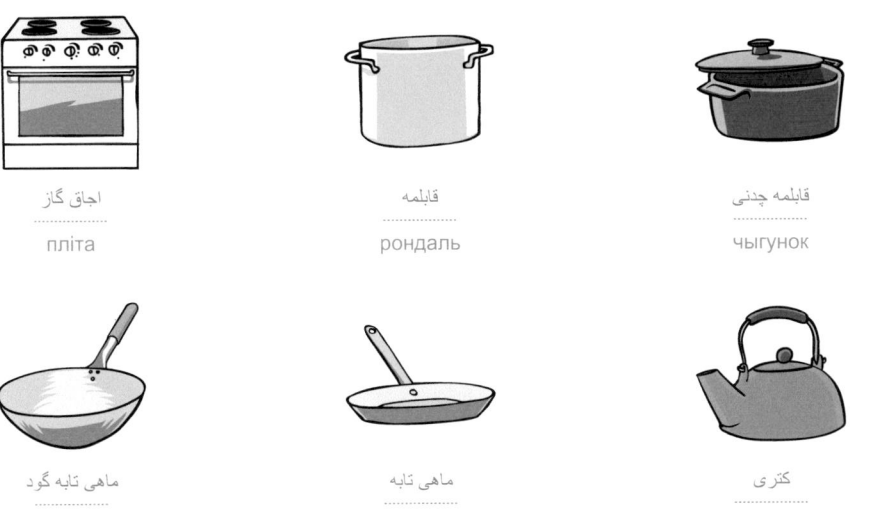

آشپزخانه

кухня

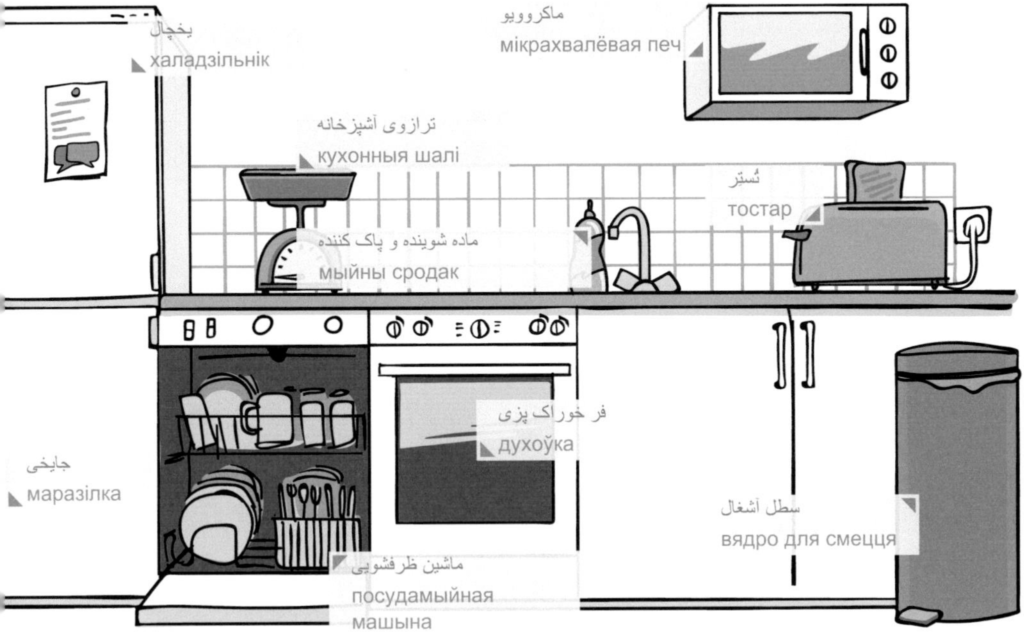

یخچال
халадзільнік
ماکروویو
мікрахвалёвая печ
ترازوی آشپزخانه
кухонныя шалі
تُستر
тостар
ماده شوینده و پاک کننده
мыйны сродак
فر خوراک پزی
духоўка
جایخی
маразілка
سطل آشغال
вядро для смецця
ماشین ظرفشویی
посудамыйная
машына

اجاق گاز

....

пліта

قابلمه

....

рондаль

قابلمه چدنی

....

чыгунок

ماهی تابه گود

....

Вок / кадаі

ماهی تابه

....

патэльня

کتری

....

чайнік

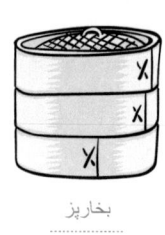

بخارپز

параварка

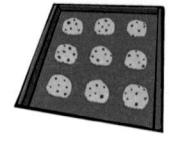

سینی فر

бляха

ظرف چینی آشپزخانه

посуд

لیوان

кубак

کاسه

міска

چاپستیک

палачкі для ежы

ملاقه

чарпак

کفگیر

лапатачка

همزن

збівалка

آبکش

сіта для варэння

آبکش

сіта

رنده

тарка

هاون

ступка

باربیکیو

грыль

محل مخصوص افروختن آتش

вогнішча

تخته گوشت و سبزی

дошка

وردنه

качалка

در بطری بازکن

штопар

قوطی

бляшанка

در قوطی بازکن

адкрывалка

دستگیره پارچه ای

прыхваткі

سینک ظرفشویی

ракавіна

برس گردگیری

шчотка

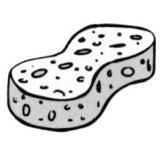

اسفنج

губка

مخلوط کن

міксер

فریزر

маразільная камера

شیشه شیر بچه

бутэлечка

شیر آب

вадаправодны кран

حمام

ванная

دوش
душ
بخاری
ручніковы сушыцель
حوله
ручнік
پرده ی حمام
штора для душа
حمام کف
пенная ванна
وان حمام
ванна
لیوان
шклянка
ماشین لباسشویی
мыйная машына
شیر آب
вадаправодны кран
کاشی
плітка
لگن دستشویی کودکان
начны гаршчок
سینک ظرفشویی
ракавіна

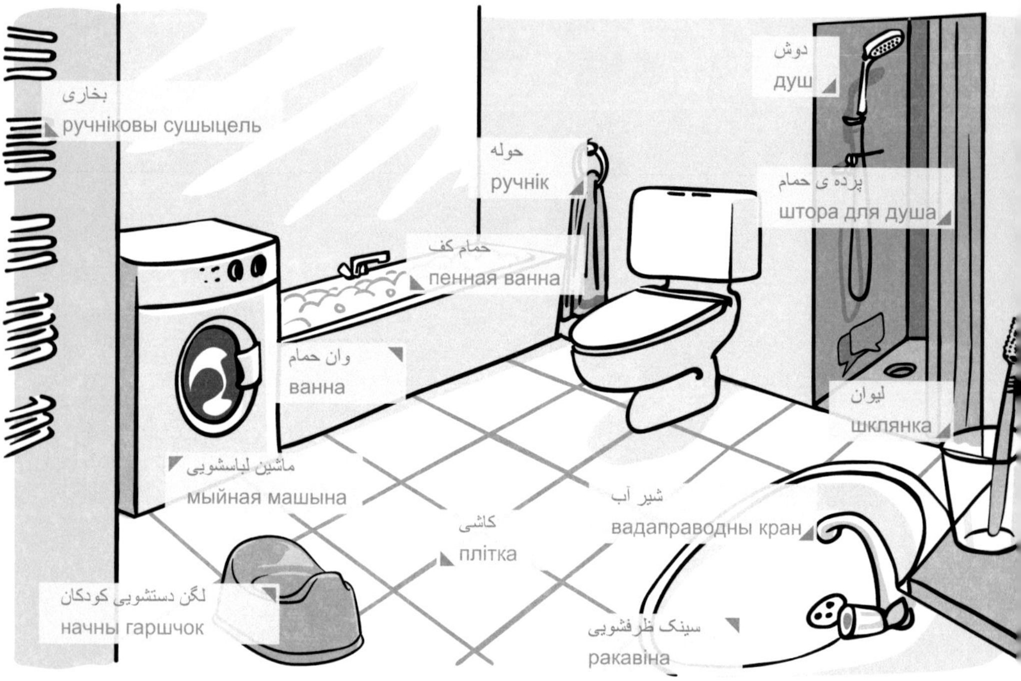

توالت

туалет

توالت ایرانی

падлогавы ўнітаз

کاسه توالت

бідэ

توالت مخصوص آقایان

пісуар

دستمال توالت

туалетная папера

فرچه توالت

шчотка для чысткі ўнітаза

38 حمام - ванная

مسواک

зубная шчотка

خمیر دندان

зубная паста

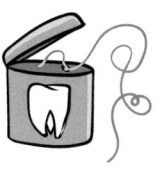

نخ دندان

зубная нітка

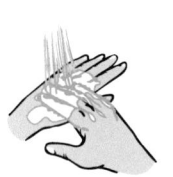

شستن

мыць

دوش آب تلفنی

ручны душ

شلنگ توالت

інтымны душ

لگن روشویی

умывальнік

برس شست و شوی پشت

шчотка для спіны

صابون

мыла

شامپو بدن

гель для душа

شامپو

шампунь

لیف حمام

вяхотка

راه آب

вадасцёк

کرم

крэм

اسپری دئودورانت

дэзадарант

آیینه

люстэрка

آیینه ى كوچك دستى

касметычнае люстэрка

تیغ ریش تراشى

станок для галення

كف ریش‌تراشى

пена для галення

افترشیو

ласьён пасля галення

شانه ى سر

грэбень

برس

шчотка

سشوار

фен

اسپرى مو

лак для валасоў

آرایش

касметыка

رژلب

памада

لاك ناخن

лак для пазногцяў

پنبه

вата

قیچى ناخن

манікюрныя нажніцы

عطر

духі

كيف لوازم أرايشى و بهداشتى

касметычка

چهارپايه

табурэтка

ترازو

вагі

حوله ى پالتويى

лазневы халат

دستكش ظرفشويى

санітарныя пальчаткі

تامپون

тампон

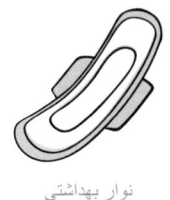

نوار بهداشتى

гігіенічныя пракладкі

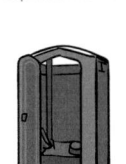

توالت سيار

біятуалет

حمام - ванная

اتاق بچه

дзіцячы пакой

ساعت زنگدار
будзільнік
نوعی عروسک نرم به شکل حیوانات
мяккая цацка
ماشین اسباب بازی
цацачная машынка
جغجغه
бразготка
خانه ی عروسکی
лялечны домік
کادو
падарунак

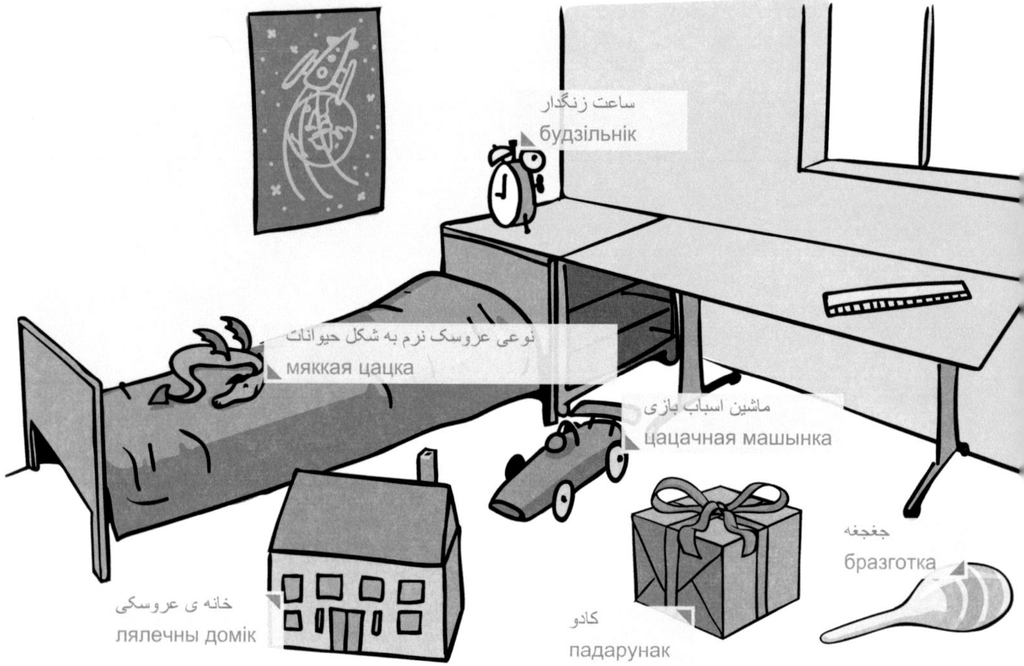

بادکنک

надзіманы шарык

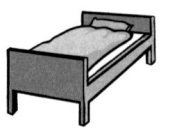

تخت خواب

ложак

کالسکه بچه

дзіцячая каляска

بازی ورق

калода картаў

پازل

пазл

داستان مصور

комікс

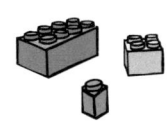

اسباب بازی لگو

канструктар "Лега"

خانه سازی

канструктар

عروسک شخصیت های فیلم و کارتون

экшэн-фігурка

لباس نوزاد

дзіцячы гарнітур

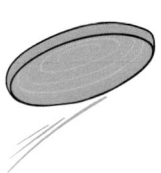

فریزبی

фрызбі

نوعی اسباب بازی که روی تخت نوزاد
یا کودک نصب می شود

дзіцячы мабіль

بازی روی صفحه

настольная гульня

تاس

кубік

قطار اسباب بازی

дзіцячая чыгунка

پستانک

пустышка

مهمانی

дзіцячае свята

کتاب مصور

кніга з малюнкамі

توپ

мячык

عروسک

лялька

بازی کردن

гуляцца

جعبه شنی مخصوص بازی کودکان

пясочніца

تاب

арэлі

اسباب بازی

цацкі

کنسول بازی های کامپیوتری

гульнявая відэа прыстаўка

سه چرخه

трохколавы ровар

خرس عروسکی

плюшавы мішка

کمد لباس

шафа

لباس

адзенне

جوراب

шкарпэткі

جوراب زنانه ساق بلند

панчохі

جوراب شلواری

калготкі

شال

چتر
парасон

تی شرت
цішотка

کمربند
рамень

کفش ورزشی کتانی
красоўкі

پوتین
боты

دمپایی
пантоплі

صندل

сандалі

کفش

абутак

چکمه پلاستیکی

гумовыя боты

شرت

трусы

سوتین

бюстгальтар

جلیقه

майка

بادی

бодзі

شلوار

штаны

جین

джынсы

دامن

спадніца

بلوز

блузка

پیراهن

кашуля

پولیور

джэмпер

سویی شرت

талстоўка

نوعی کت

блэйзер

ژاکت

куртка

کت بلند

паліто

بارانی

дажджавік

لباس نمایش

касцюм

لباس

сукенка

لباس عروس

вясельная сукенка

كت و شلوار

касцюм

لباس خواب زنانه

начная сарочка

پیژامه

піжама

ساری

сары

روسری

хустка

عمامه

цюрбан

برقع

паранджа

قبا

каптан

عبا

Абая

لباس شنا

купальнік

شرت شنا

плаўкі

شلوارک

шорты

لباس ورزشی

спартыўны касцюм

پیشبند

фартух

دستکش

пальчаткі

لباس - адзенне

دکمه

гузік

عینک

акуляры

دستبند

бранзалет

گردنبند

каралі

انگشتر

кальцо

گوشواره

завушніца

کلاه لبه دار

кепка

چوب لباسی

вешалка

کلاه

капялюш

کراوات

гальштук

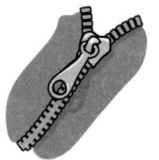

زیپ

маланка

کلاه ایمنی

шлем

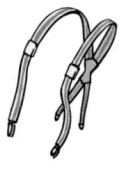

بند شلوار

падцяжкі

لباس مدرسه

школьная форма

لباس فرم

уніформа

پیش بند بچه

нагруднік

پستانک

пустышка

پوشک بچه

падгузнік

اداره

офіс

سرور
сервер
کمد نگهداری پرونده
канцылярская шафа
چاپگر
прынтэр
کاغذ
папера
مانیتور
манітор
ماوس
мыш
میز تحریر
пісьмовы стол
زونکن
тэчка
صفحه کلید
клавіятура
سبد کاغذ باطله
смеццевы кошык
کامپیوتر
кампутар
صندلی
крэсла

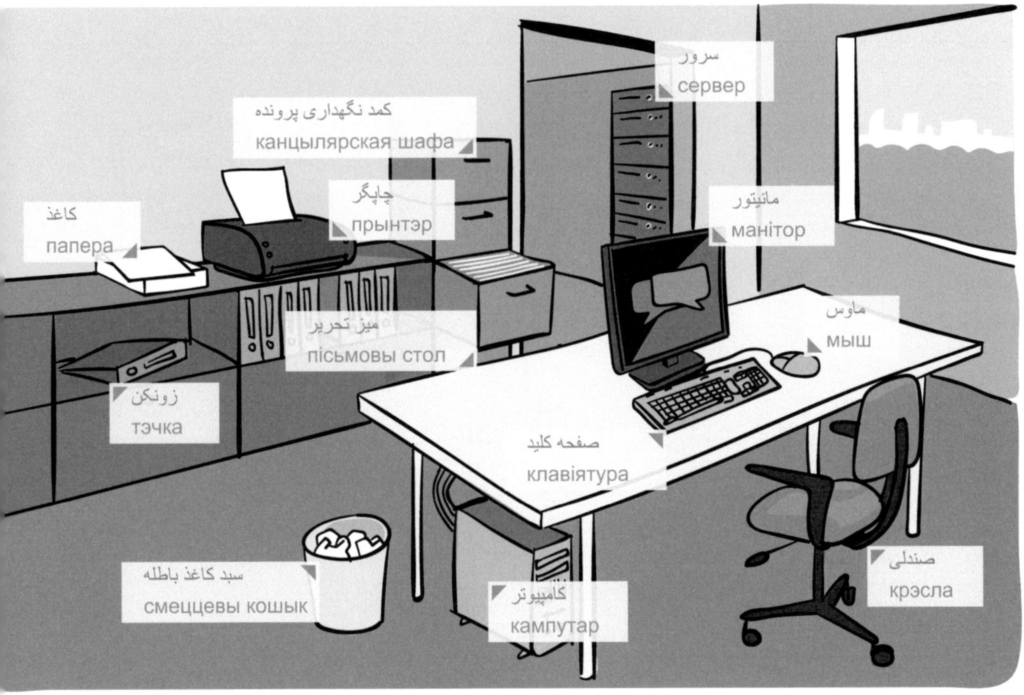

لیوان قهوه

убак для кавы (філіжанка)

ماشین حساب

калькулятар

اینترنت

інтэрнэт

لپ تاپ

ноўтбук

نامه

ліст

پیغام

паведамленне

تلفن همراه

мабільны тэлефон

شبکه ی ارتباطی

сетка

دستگاه فتوکپی

ксеракс

نرم افزار

праграмнае забеспячэнне

تلفن

тэлефон

پریز

разетка

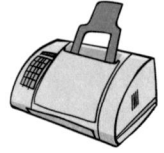

دستگاه فاکس

факс

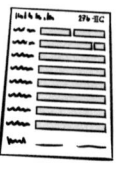

فرم

фармуляр

مدرک

дакумент

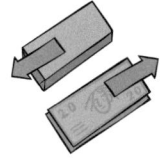

خریدن

купляць

پرداخت کردن

плаціць

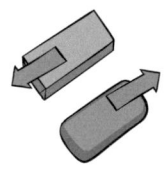

تجارت کردن

гандляваць

پول

грошы

دلار

долар

یورو

еўра

ین

ена

روبل

рубель

فرانک سوئیس

франк

یوان رنمینبی

кітайскі юань

روپیه

рупія

دستگاه خودپرداز

банкамат

صرافی

абменны пункт

طلا

золата

نقره

срэбра

نفت

нафта

انرژی

энергія

قیمت

цана

قرارداد

кантракт

مالیات

падатак

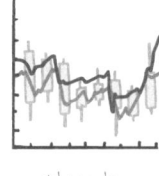

سهام سرمایه

акцыя

کار کردن

працаваць

کارمند

служачы

کارفرما

працадаўца

کارخانه

фабрыка

مغازه

крама

مشاغل

прафесіі

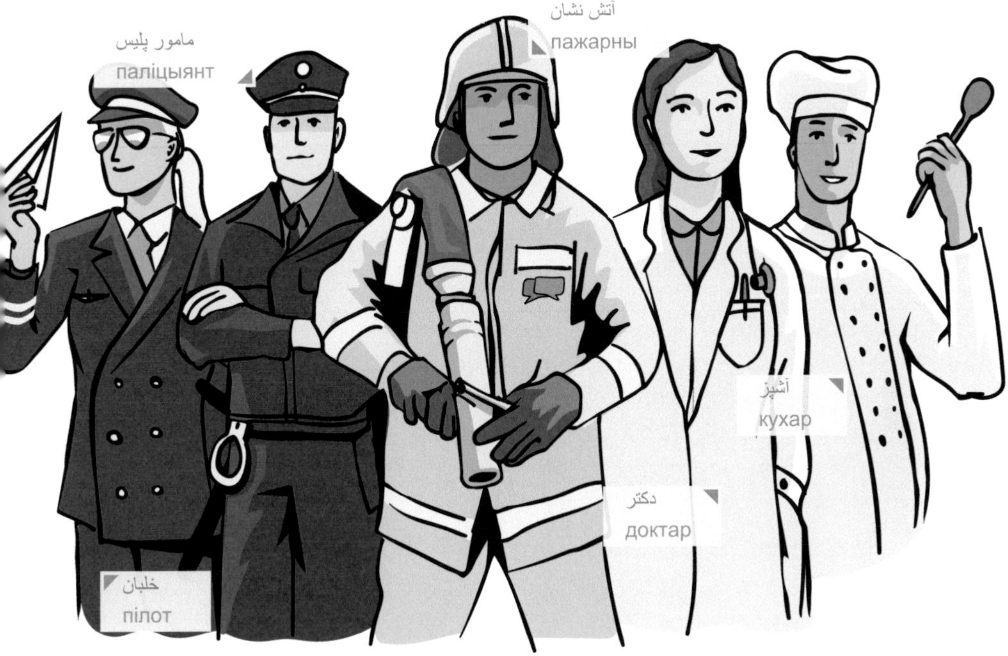

مامور پلیس
паліцыянт
آتش نشان
пажарны
آشپز
кухар
دکتر
доктар
خلبان
пілот

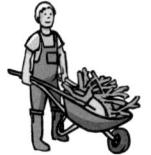

باغبان

садоўнік

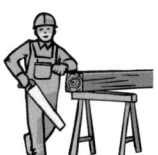

نجار

слесар

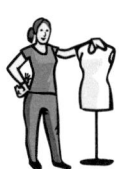

خیاط زنانه

швачка

قاضی

суддзя

شیمیدان

хімік

بازیگر

артыст

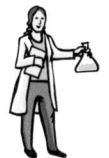

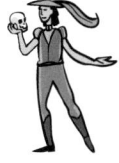

راننده اتوبوس

кіроўца аўтобуса

راننده تاکسی

таксіст

ماهیگیر

рыбак

نظافتچی زن

прыбіральшчыца

سقف ساز

страхар

پیشخدمت رستوران

афіцыянт

شکارچی

паляўнічы

نقاش

мастак

نانوا

пекар

برقکار

электрык

کارگر ساختمانی

будаўнік

مهندس

інжынер

قصاب

мяснік

لوله کش

сантэхнік

پستچی

паштальён

سرباز

салдат

معمار

архітэктар

صندوقدار

касір

گل فروش

фларыст

آرایشگر

цырульнік

مامور کنترل بلیط در قطار

кандуктар

مکانیک

механік

ناخدا

капітан

دندانپزشک

стаматолаг

دانشمند

вучоны

عالم یهودی

рабін

امام

імам

راهب

манах

کشیش

святар

ابزارآلات

інструменты

انبردست
пласкагубцы
چکش
малаток
پیچ گوشتی
адвёртка
چراغ قوه
ліхтарык
آچار
гаечны ключ

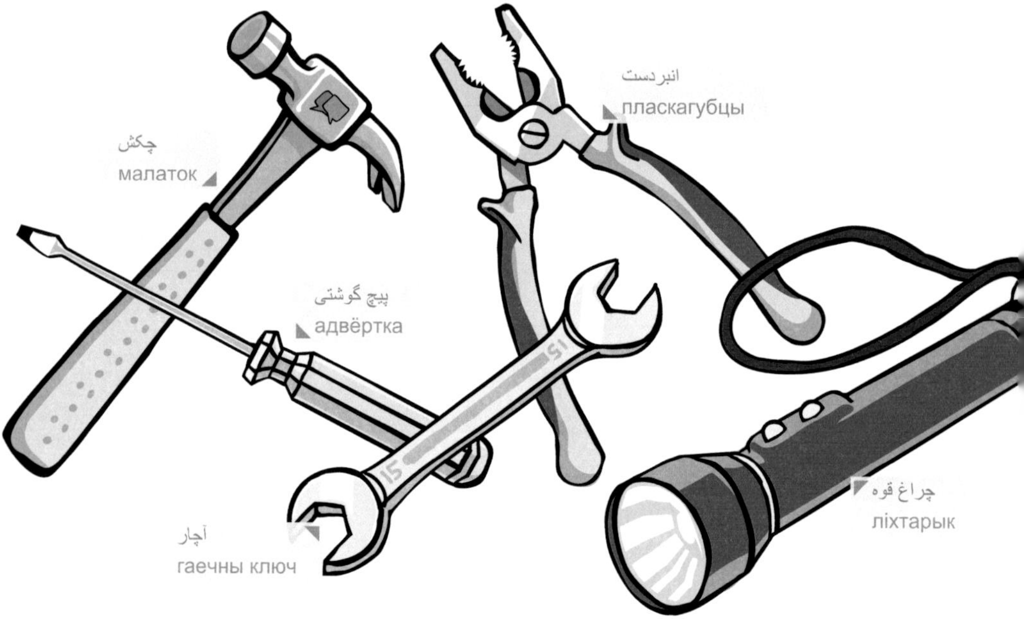

بیل مکانیکی

экскаватар

جعبه ابزار

скрыня для інструментаў

نردبان

дравіны

ارّه

піла

میخ

цвікі

مته

дрыль

تعمیر کردن

рамантаваць

بیل

рыдлеўка

لعنتی!

Халера!

خاک انداز

шуфлік для смецця

سطل رنگرزی

вядро з фарбаю

پیچ

балты

آلات موسیقی

музычныя інструменты

بلندگو
калонкі
درامز
ударны інструмент
گیتار
гітара
کنترباس
кантрабас
ترومپت
труба

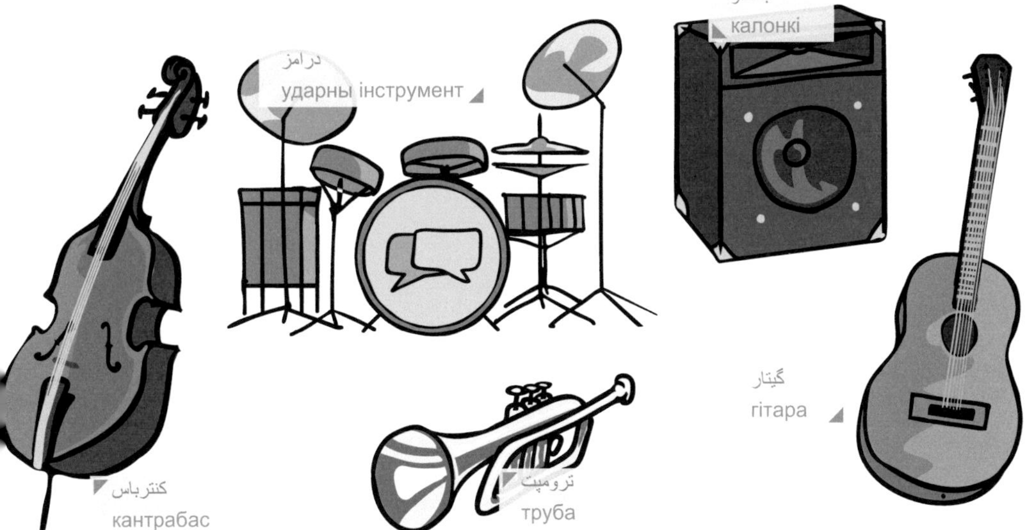

پيانو

піяніна

ويولن

скрыпка

گيتار بيس

басгітара

تيمپانى

літаўры

طبل

барабан

كيبورد الكتريك

клавішны электрамузычны інструмент

ساكسيفون

саксафон

فلوت

флейта

ميكروفون

мікрафон

باغ وحش

заапарк

уваход
ببر
тыгр
قفس
клетка
گورخر
зебра
خوراک حیوانات
корм для жывёл
خرس پاندا
панда

حیوانات

жывёлы

فیل

слон

کانگورو

кенгуру

کرگدن

насарог

گوریل

гарыла

خرس

мядзведзь

شتر

вярблюд

شترمرغ

стравус

شیر

леў

میمون

малпа

فلامینگو

фламінга

طوطی

папугай

خرس قطبی

белы мядзведзь

پنگوئن

пінгвін

کوسه

акула

طاووس

паўлін

مار

змяя

تمساح

кракадзіл

نگهبان باغ وحش

наглядчык заапарка

خوک آبی

цюлень

پلنگ امریکایی

ягуар

اسب کوچک

поні

پلنگ

леапард

اسب آبی

бегемот

زرافه

жыраф

عقاب

арол

گراز

дзік

ماهی

рыбак

لاک پشت

чарапаха

شیرماهی

морж

روباه

ліса

غزال

газель

ورزش ها

спорт

فوتبال آمریکایی
амерыканскі футбол
دوچرخه سواری
веласпорт
تنیس
тэніс
بسکتبال
баскетбол
شنا
плаванне
بوکس
бокс
هاکی روی یخ
хакей з шайбай

فوتبال

футбол

بدمینتون

бадмінтон

دوومیدانی

лёгкая атлетыка

هندبال

гандбол

اسکی

горныя лыжы

پولو

пола

فعالیت ها

дзейнасць

خندیدن
смяяцца
پریدن
скакаць
بغل کردن
абдымаць
راه رفتن
ісці
آواز خواندن
спяваць
رؤیا دیدن
марыць
دعا کردن
маліцца
بوسیدن
цалаваць

نوشتن

пісаць

رسم کردن

маляваць

نشان دادن

паказваць

هل دادن

націснуць

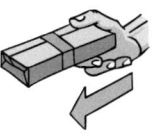

دادن

даваць

برداشتن

браць

داشتن
....
маць

انجام دادن
....
выконваць

بودن
....
быць

ایستادن
....
стаяць

دویدن
....
бегчы

کشیدن
....
цягнуць

پرتاب کردن
....
кідаць

افتادن
....
падаць

دراز کشیدن
....
ляжаць

منتظر بودن
....
чакаць

حمل کردن
....
насіць

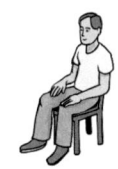

نشستن
....
сядзець

لباس پوشیدن
....
апранацца

خوابیدن
....
спаць

بیدار شدن
....
прачынацца

تماشا کردن

глядзець

گریه کردن

плакаць

نوازش کردن

лашчыць

شانه کردن

прычэсвацца

حرف زدن

гаварыць

فهمیدن

разумець

پرسیدن

пытаць

شنیدن

чуць

آشامیدن

піць

خوردن

есці

مرتب کردن

прыбіраць

عاشق بودن

кахаць

پختن

гатаваць

رانندگی کردن

ехаць

پرواز کردن

лятаць

قایقرانی کردن

плаваць пад ветразем

محاسبه کردن

лічыць

خواندن

чытаць

یاد گرفتن

вучыць

کار کردن

працаваць

ازدواج کردن

уступаць у шлюб

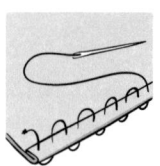

دوختن

шыць

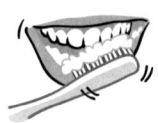

مسواک زدن

чысціць зубы

کشتن

забіваць

سیگار کشیدن

курыць

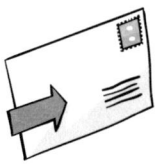

فرستادن

пасылаць

خانواده
сям'я

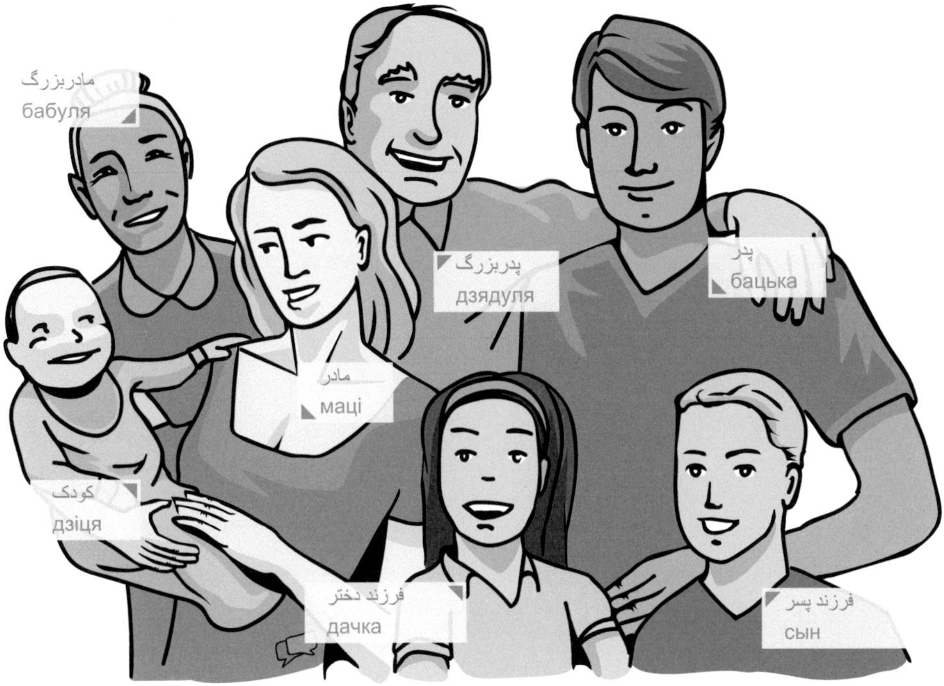
مادربزرگ
бабуля
پدربزرگ
дзядуля
پدر
бацька
مادر
маці
کودک
дзіця
فرزند دختر
дачка
فرزند پسر
сын

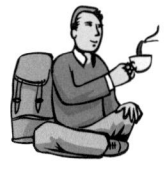

مهمان

гость

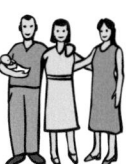

خاله، عمه

цётка

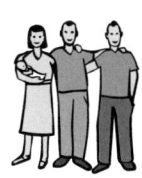

دایی، عمو

дзядзька

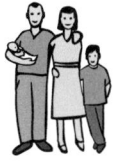

برادر

брат

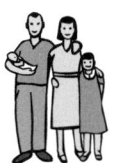

خواهر

сястра

بدن

цела

پیشانی
چشم
вока
شانه
плячо
انگشت دست
палец
صورت
твар
چانه
падбародак
دست
рука
سینه
грудзі
ساق پا
нага
بازو
рука

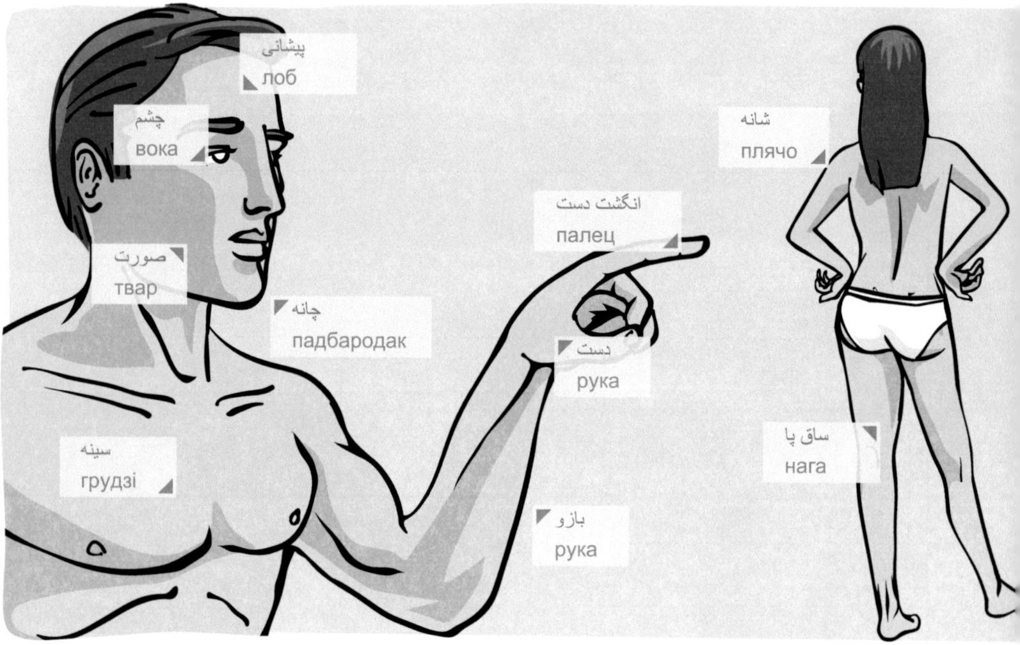

کودک

дзіця

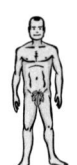

مرد

мужчына

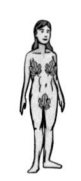

زن

жанчына

دختربچه

дзяўчынка

پسربچه

хлопчык

کله

галава

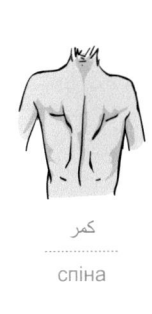

کمر

спіна

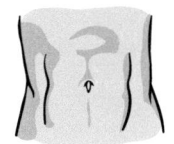

شکم

жывот

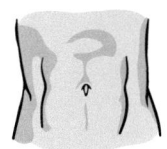

ناف

пуп

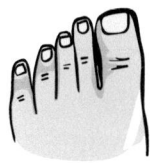

انگشت پا

палец нагі

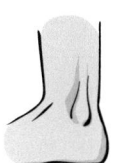

پاشنه

пятка

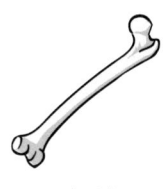

استخوان

костка

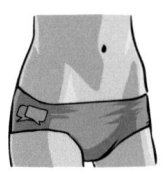

لگن

бядро

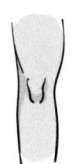

زانو

калена

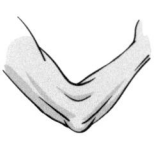

آرنج

локаць

بینی

нос

نشیمنگاه

ягадзіца

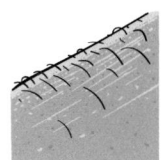

پوست

скура

گونه

шчака

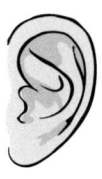

گوش

вуха

لب

губа

دهان

рот

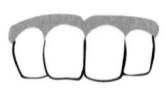

دندان

зуб

زبان

язык

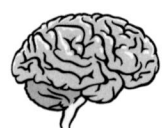

مغز

галаўны мозг

قلب

сэрца

عضله

мышца

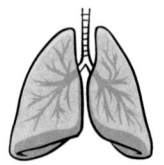

ریه

лёгкае

کبد

пячонка

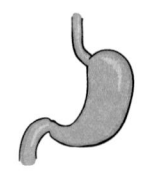

معده

страўнік

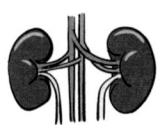

کلیه

ныркі

آمیزش جنسی

сэкс

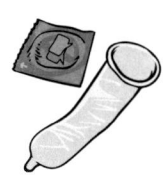

کاندوم

прэзерватыў

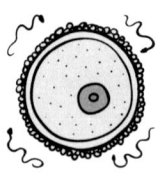

تخمک

яйцаклетка

اسپرم

сперма

حاملگی

цяжарнасць

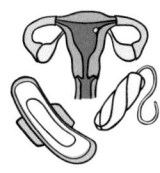

پریود

....

менструацыя

واژن

....

похва

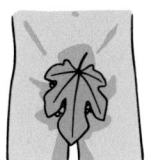

آلت تناسلی مرد

....

пеніс

ابرو

....

брыво

مو

....

валасы

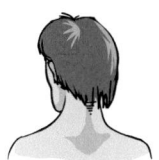

گردن

....

шыя

بیمارستان

шпіталь

шпіталь
آمبولانس
машына хуткай дапамогі
صندلی چرخ دار
інваліднае крэсла
شکستگی
пералом

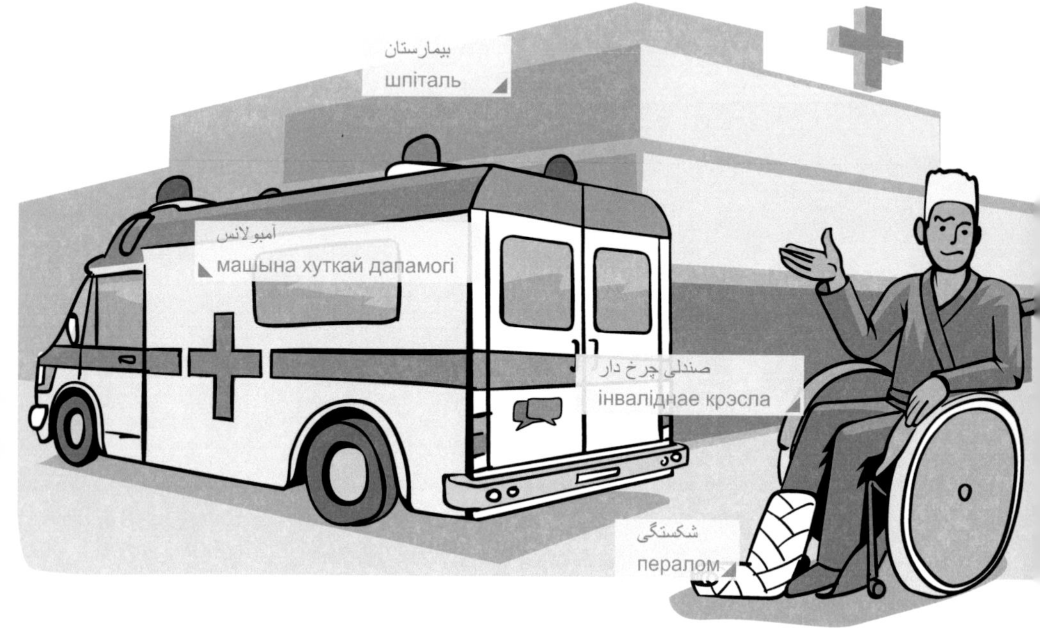

دکتر

доктар

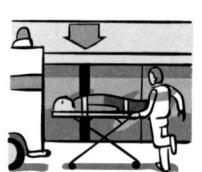

بخش اورژانس

аддзяленне першай дапамогі

پرستار

медсястра

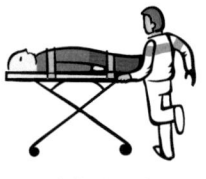

موقعیت اضطراری

экстраная дапамога

بی هوش

непрытомны

درد

боль

مصدومیت

траўма

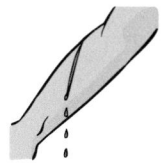

خونریزی

крывацёк

سکته قلبی

інфаркт

سکته مغزی

апаплексія

آلرژی

алергія

سرفه

кашаль

تب

гарачка

آنفولانزا

грып

اسهال

панос

سردرد

галаўны боль

سرطان

рак

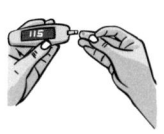

دیابت

дыябет

جراح

хірург

چاقوی جراحی

скальпель

عمل جراحی

аперацыя

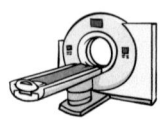

سی تی اسکن

КТ

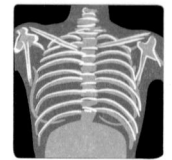

پرتونگاری

рэнтген

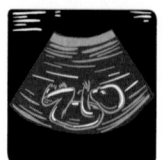

سونوگرافی

ультрагук

ماسک صورت

маска

بیماری

хвароба

اتاق انتظار

пачакальня

چوب زیر بغل

мыліца

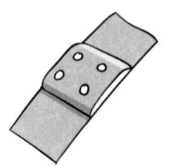

چسب زخم

пластыр

پانسمان

бінт

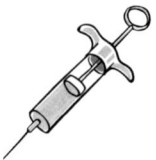

تزریق

ін'екцыя

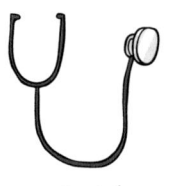

گوشی طبی

стэтаскоп

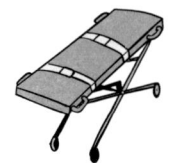

برانکار

насілкі

دماسنج

градуснік

زایش

нараджэнне

اضافه وزن

лішняя вага

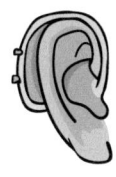

سمعک

слухавы апарат

ماده ضد غفونی کننده

дэзінфекцыйны сродак

عفونت

інфекцыя

ویروس

вірус

اچ آی وی / ایدز

ВІЧ/СНІД

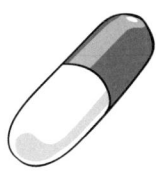

دارو

лекі

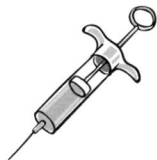

واکسیناسیون

прышчэпка

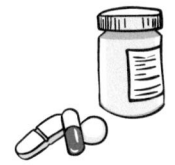

قرص

таблеткі

قرص ضد حاملگی

супрацьзачаткавая таблетка

تماس اظطراری

экстраны выклік

دستگاه اندازه گیری فشارخون

танометр

مریض / سالم

хворы / здаровы

موقعیت اضطراری

экстраная дапамога

کمک!

Ратуйце!

آژیر خطر

сігналізацыя

حمله

напад

حمله ی فیزیکی

атака

خطر

небяспека

خروج اظطراری

аварыйны выхад

آتش

Пажар!

کپسول آتش‌نشانی

вогнетушыцель

تصادف

аварыя

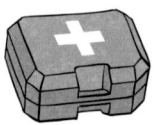

جعبه کمک های اولیه

аптэчка

درخواست کمک

СОС

پلیس

паліцыя

کره زمین

Зямля

اروپا

Еўропа

آمریکای شمالی

Паўночная Амерыка

آمریکای جنوبی

Паўднёвая Амерыка

آفریقا

Афрыка

آسیا

Азія

استرالیا

Аўстралія

اقیا نوس اطلس

Атлантычны акіян

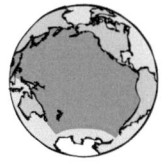

اقیانوس آرام

Ціхі акіян

اقیانوس هند

Індыйскі акіян

اقیا نوس اطلس جنوبی

Паўднёвы ледавіты акіян

اقیانوس منجمد شمالی

Паўночны ледавіты акіян

قطب شمال

Паўночны полюс

قطب جنوب

Паўднёвы полюс

قاره قطب جنوب

Антарктыда

كره زمين

Зямля

سرزمين

краіна

دريا

мора

جزيره

востраў

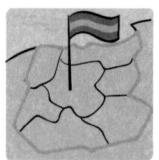

ملت

нацыя

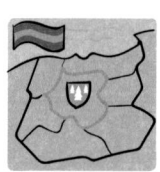

كشور

дзяржава

ساعت

гадзіннік

صفحه ی ساعت

цыферблат

ساعت شمار

гадзінная стрэлка

دقیقه شمار

хвілінная стрэлка

ثانیه شمار

секундная стрэлка

ساعت چند است؟

Колькі часу?

روز

дзень

زمان

час

اکنون

зараз

ساعت دیجیتال

электронны гадзіннік

دقیقه

хвіліна

ساعت

гадзіна

هفته

тыдзень

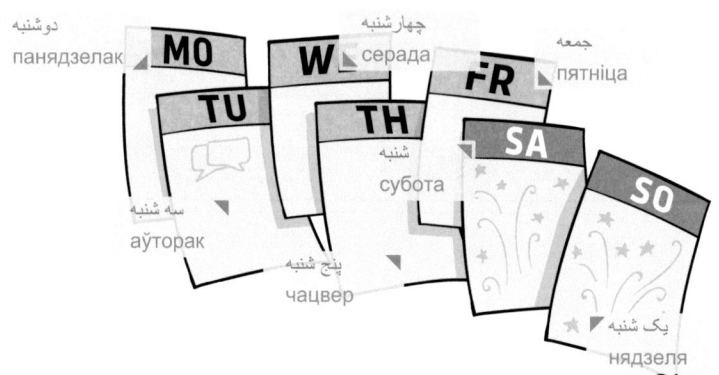

دوشنبه
панядзелак

سه شنبه
аўторак

چهارشنبه
серада

پنج شنبه
чацвер

جمعه
пятніца

شنبه
субота

یک شنبه
нядзеля

دیروز
ўчора

امروز
сёння

فردا
заўтра

صبح
раніца

ظهر
абед

غروب
вечар

روزهای کاری
працоўныя дні

آخر هفته
выхадныя

سال

год

باران
дождж
رنگین کمان
вясёлка
باد
вецер
برف
снег
بهار
вясна
پاییز
восень
تابستان
лета
زمستان
зіма

4.APRIL 11°
5.APRIL 4°
6.APRIL 13°
7.APRIL 8°
8.APRIL 10°

پیش‌بینی اوضاع جوی

прагноз надвор'я

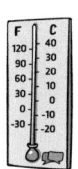

0
10
0
-10

دماسنج

градуснік

تابش آفتاب

сонечнае святло

ابر

воблака

مِه

туман

رطوبت هوا

вільготнасць паветра

صاعقه

маланка

آسمان غره

гром

طوفان

бура

تگرگ

град

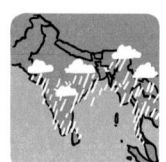

باد موسمی

мусонны вецер

سیل

прыліў

یخ

лёд

ژانویه

студзень

فوریه

люты

مارس

сакавік

آوریل

красавік

مه

май

ژوئن

чэрвень

ژوئیه

ліпень

آگوست

жнівень

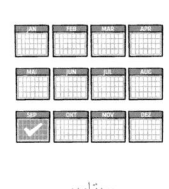

سپتامبر

верасень

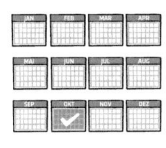

اکتبر

кастрычнік

نوامبر

лістапад

دسامبر

снежань

اَشکال

формы

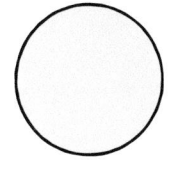

دایره

круг

مربع

квадрат

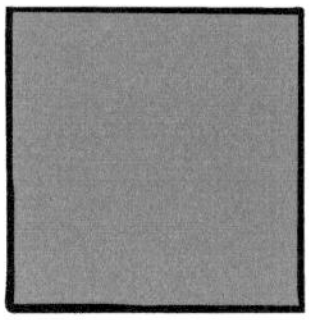

مستطیل

прамавугольнік

سه گوش

трохвугольнік

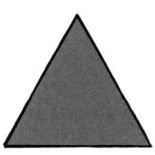

گره

шар

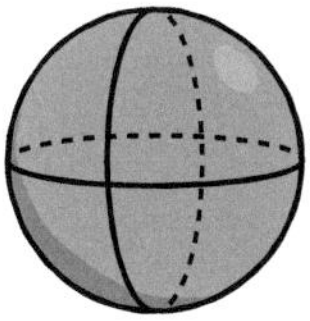

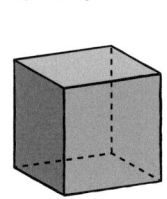

مکعب مربع

куб

رنگ ها

колеры

سفید

белы

زرد

жоўты

نارنجی

аранжавы

صورتی

ружовы

قرمز

чырвоны

بنفش

фіялетавы

آبی

сіні

سبز

зялёны

قهوه ای

карычневы

خاکستری

шэры

سیاه

чорны

متضاد ها

супрацьлегласці

خیلی / کم

шмат / мала

خشمگین/ آرام

злы / добры

زیبا / زشت

прыгожы / брыдкі

شروع / پایان

пачатак / канец

بزرگ / کوچک

высокі / малы

روشن / تیره

светлы / цёмны

برادر / خواهر

сястра / брат

تمیز / آلوده

чысты / брудны

کامل / ناقص

поўны / няпоўны

روز / شب

дзень / ноч

مرده / زنده

мёртвы / жывы

پهن / باریک

шырокі / вузкі

قابل خوردن / غیر قابل خوردن

ядомы / неядомы

غضبناک / مهربان

злы / добры

هیجان زده / بی حوصله

узбуджаны / нудны

چاق / لاغر

тоўсты / тонкі

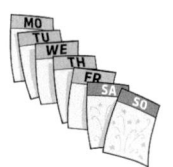

اولین / آخرین

першы / апошні

دوست / دشمن

сябар / вораг

پر / خالی

поўны / пусты

سفت / نرم

цвёрды / мяккі

سنگین / سبک

важкі / лёгкі

گرسنگی / تشنگی

голад / смага

مریض / سالم

хворы / здаровы

غیرقانونی / قانونی

нелегальны / легальны

باهوش / خنگ

разумны / дурны

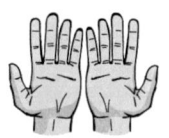

چپ / راست

левы / правы

نزدیک / دور

побач / далёка

نو / استفاده شده

новы / былы ва ўжыванні

هیچ چیز / چیزی

нічога / нешта

پیر / جوان

стары / малады

روشن / خاموش

укл / выкл

باز / بسته

адчынены / зачынены

آهسته / بلند

ціхі / гучны

ثروتمند / فقیر

багаты / бедны

درست / غلط

правільна / няправільна

زبر / صاف

шурпаты / гладкі

غمگین / خوشحال

сумны / шчаслівы

کوتاه / بلند

кароткі / доўгі

کند / تند

павольны / хуткі

تَر / خشک

вільготны / сухі

گرم / خنک

цёплы / халаднаваты

جنگ / صلح

вайна / мір

0	1	2
صفر	یک	دو
нуль	адзін	два

3	4	5
سه	چهار	پنج
тры	чатыры	пяць

6	7	8
شش	هفت	هشت
шэсць	сем	восем

9	10	11
نه	دَه	یازده
дзевяць	дзесяць	адзінаццаць

12

دوازده

дванаццаць

13

سیزده

трынаццаць

14

چهارده

чатырнаццаць

15

پانزده

пятнаццаць

16

شانزده

шаснаццаць

17

هفده

сямнаццаць

18

هجده

васямнаццаць

19

نوزده

дзевятнаццаць

20

بیست

дваццаць

100

صد

сто

1.000

هزار

тысяча

1.000.000

میلیون

мільён

زبان ها

мовы

انگلیسی

англійская

انگلیسی آمریکایی

англійская (Амерыка)

چینی ماندارین

кітайская мандарынская

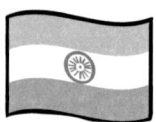

هندی

хіндзі

اسپانیایی

іспанская

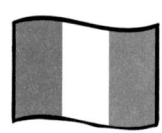

فرانسوی

французская

عربی

арабская

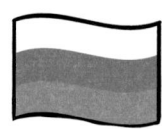

روسی

руская

پرتغالی

партугальская

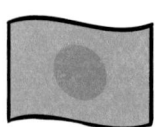

بنگالی

бенгальская

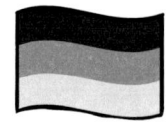

آلمانی

нямецкая

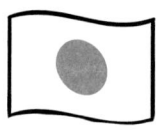

ژاپنی

японская

چه کسی / چه چیزی / چگونه
хто / што / як

من

я

تو

ты

او

ён / яна / яно

ما

мы

شما

вы

آنها

яны

چه کسی؟ کی؟

хто?

چی؟

што?

چگونه؟

як?

کجا؟

дзе?

کی؟

калі?

نام

імя

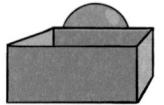

کجا

дзе

پشت

за

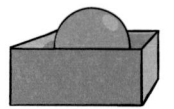

توی

у

جلو

перад

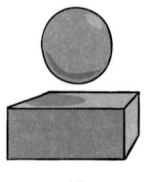

بالای

над

روی

на

زیر

пад

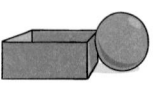

مجاور

каля

بین

паміж

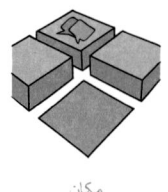

مکان

месца